Mohamad Sultan

Fundamentos das linguagens de programação: Conceitos e questões de design

AF301585

Mohamad Sultan

Fundamentos das linguagens de programação: Conceitos e questões de design

ScienciaScripts

Imprint

Any brand names and product names mentioned in this book are subject to trademark, brand or patent protection and are trademarks or registered trademarks of their respective holders. The use of brand names, product names, common names, trade names, product descriptions etc. even without a particular marking in this work is in no way to be construed to mean that such names may be regarded as unrestricted in respect of trademark and brand protection legislation and could thus be used by anyone.

Cover image: www.ingimage.com

This book is a translation from the original published under ISBN 978-613-4-92163-3.

Publisher:
Sciencia Scripts
is a trademark of
Dodo Books Indian Ocean Ltd. and OmniScriptum S.R.L publishing group

120 High Road, East Finchley, London, N2 9ED, United Kingdom
Str. Armeneasca 28/1, office 1, Chisinau MD-2012, Republic of Moldova, Europe
Printed at: see last page
ISBN: 978-620-8-09843-8

Índice

1.1 Introdução

Uma linguagem de programação é um meio ou uma ferramenta através da qual os programadores, os criadores e os utilizadores podem concretizar e implementar as suas ideias, necessidades e objectivos escrevendo programas. De facto, existem muitas linguagens de programação e até muitas versões da mesma linguagem de programação. O objetivo deste projeto é apresentar e discutir algumas das linguagens de programação mais conhecidas, bem como alguns dos domínios em que estas linguagens funcionam.

1.2 Linguagens de programação:

1.2.1 Linguagem FORTRAN

O Fortran é uma linguagem de programação imperativa processual e bem conhecida. O nome FORTRAN significa Formula Translation (tradução de fórmulas). O Fortran foi originalmente desenvolvido para a International Business Machine Corporation (IBM) por John W. Backus no início da década de 1950. O Fortran foi criado especificamente para se adequar a cálculos numéricos e científicos. Fortran, a linguagem de programação para computadores científicos, foi objeto de vários desenvolvimentos que resultaram na criação de vários dialectos e versões de Fortran [1] [2].

O Fortran foi conhecido há muito tempo e é uma das primeiras linguagens de alto nível utilizadas por muitos programadores, sendo também a primeira linguagem de programação normalizada. O Fortran engloba muitos dialectos, tendo cada um deles evoluído para acrescentar novas melhorias e novas funcionalidades. O Fortran IV e o Fortran 77 são conhecidos como as principais versões do Fortran. O Fortran II foi lançado um ano após a primeira versão do Fortran, introduzida pela IBM com novas alterações, e esta versão do Fortran apoiava a programação processual, acrescentando as sub-rotinas, também conhecidas como sub-rotinas escritas pelo utilizador, uma vez que têm a capacidade de ser compiladas independentemente. As alterações e desenvolvimentos nas versões Fortran continuaram a acrescentar muito mais melhorias e novas funcionalidades ao Fortran [1] [2].

Os dialectos oficiais do Fortran têm sido utilizados como normas desde o lançamento da primeira versão do Fortran em 1957 até hoje. Como exemplos destas versões (Fortran I, Fortran II, Fortran III, Fortran IV, Fortran 66 e Fortran 77), todas as primeiras versões foram concebidas e funcionaram em computadores IBM e cada versão do Fortran introduziu algumas alterações e melhorias relativamente à sua versão anterior. Atualmente, o Fortran continua a ser utilizado por muitos programadores. O Fortran 2003 introduziu muitas funcionalidades e melhorias, enquanto o Fortran 2008 é a versão mais recente do Fortran, que inclui algumas novas adições e correcções ao Fortran 2003 e foi aprovado em 2010 [2] [3].

1.2 . 2 Linguagem COBOL

Na década de 1950, verificou-se uma necessidade crescente de uma linguagem de programação de alto nível adequada ao processamento de dados comerciais. Para responder a esta procura, o Departamento de Defesa dos Estados Unidos (DoD) convocou a primeira reunião formal sobre o tema de uma linguagem comum para aplicações comerciais. A conferência teve lugar no Pentágono, em 28th e 29th de maio de 1959. O acordo dos auditores foi que a linguagem - que se chamou depois CBL (Common Business Language) - deveria ter caraterísticas gerais, tais como usar o inglês tanto quanto possível (o que permitiria aos diretores ler facilmente os programas), ser simples de usar (para alargar a base dos que podiam usar computadores) e, finalmente, a conceção não deveria ser excessivamente condicionada pelos problemas da sua execução [4].

O COBOL (Common Business Oriented Language) foi uma das primeiras linguagens de programação de alto nível. Foi concebida em 1959 por um grupo de especialistas em informática denominado Conference on Data Systems Languages (CODASYL). Desde 1959, sofreu uma série de alterações e melhoramentos. A linguagem continua a desenvolver-se nos dias de hoje. O COBOL orientado para objectos é uma divisão do COBOL 97. O COBOL 97 inclui desenvolvimentos tradicionais, bem como caraterísticas de orientação para objectos [5].

O COBOL é perfeitamente adequado para a resolução de problemas comerciais. Por exemplo, se uma empresa necessitasse de controlar os salários anuais dos seus empregados, o COBOL seria a linguagem ideal para a sua implementação, principalmente devido às principais caraterísticas da linguagem, incluindo a possibilidade de utilizar nomes longos (até 30 caracteres) e traços, o que permite que os nomes sejam conotativos, a definição pormenorizada de cada variável (o que inclui o número de casas decimais), a descrição pormenorizada dos registos dos ficheiros (ideal para a impressão de relatórios contabilísticos), a recomendação de objectos, os ambientes de programação visual e a combinação com a World Wide Web, etc. [5].

É de referir que o COBOL foi a primeira linguagem de programação cuja utilização foi mandatada pelo Departamento de Defesa (DoD). Este mandato acompanhou o seu desenvolvimento inicial, uma vez que o COBOL não se destinava particularmente ao DoD. Apesar da sua excelência, o COBOL talvez não continuasse a existir sem esse mandato por várias razões, uma das quais, por exemplo, o facto de os compiladores serem demasiado caros. De acordo com as caraterísticas e factores acima referidos, o COBOL prosperou, dentro e fora do DoD. A sua manifestação provocou a automatização eletrónica da contabilidade, uma revolução significativa para todos os padrões [4] [5].

1.2.3 Língua C

A linguagem C é uma das linguagens mais populares e mais utilizadas atualmente. Foi desenvolvida por Dennis Richie em 1972 nos laboratórios Bell como uma linguagem de programação que pode ser utilizada para a programação de sistemas. A linguagem C foi desenvolvida a partir das linguagens ALGOL, BCPL e B por Richie. O acesso dos programadores ao conjunto de instruções da máquina foi o objetivo de Dennis Richie ao conceber a linguagem C. Isto significa criar uma linguagem de alto nível que tenha a capacidade de criar programas simples para mapear facilmente na máquina, mas estes programas têm de ser portáteis e legíveis ao mesmo tempo [6] [7].

O desenvolvimento do C afectou o desenvolvimento do sistema operativo UNIX, uma vez que ambos foram desenvolvidos em conjunto. O sistema operativo UNIX, que, como se sabe, é um dos sistemas operativos de rede mais populares, foi codificado quase inteiramente em linguagem C. Isto mostra como a linguagem C e o sistema operativo UNIX estão relacionados entre si e mostra também, ao mesmo tempo, o poder da linguagem C na programação de sistemas, uma vez que um dos seus principais objectivos é a capacidade de programação de sistemas [6] [7].

O American National Standards Institute (ANSI) aprovou a versão C em 1989. Esta versão do ANSI C foi também aprovada pela Organização Internacional de Normalização, conhecida por ISO. O objetivo da aprovação da linguagem C é mantê-la como uma norma. Na década de 1990, foram introduzidas várias melhorias e aperfeiçoamentos no C++, que é uma versão do C e nele se baseia. O C++, a linguagem de uso geral, contribuiu muito para aumentar a popularidade do C entre programadores e utilizadores. Acrescentou algumas das novas funcionalidades ao C para o tornar uma verdadeira linguagem de programação orientada para os objectos e, ao mesmo tempo, uma linguagem mais fiável [7].

Atualmente, a linguagem C pode ser considerada uma das linguagens mais populares e é conhecida como uma linguagem de programação poderosa, fiável e flexível. Embora o principal objetivo da conceção da linguagem C seja a implementação de software de sistema ou de sistema operativo, também é utilizada no desenvolvimento de muitas outras aplicações. A linguagem C pode ser considerada a linguagem de uso geral mais utilizada, uma vez que abrange e inclui tanto as caraterísticas de uma linguagem de alto nível como os elementos de um assembler [prefácio] [7].

1.2.4 Linguagem Java

Java é uma nova linguagem e é uma das mais populares linguagens de programação orientada para objectos. Java foi criada na Sun Microsystems por James Gosling em 1991. Java foi criada com o objetivo de utilizar o paradigma orientado para os objectos, permitindo assim que o mesmo programa seja executado ou funcione em diferentes plataformas informáticas, o que significa plataformas informáticas independentes, e de desenvolver uma infraestrutura para redes e proporcionar simplicidade e segurança na execução de código externo. Java foi também criado para muitas outras coisas, como a programação de aplicações baseadas na Web e de sistemas em tempo real. As aplicações Java têm programas que são incorporados nestas aplicações, chamados applets, que podem ser executados por qualquer computador na rede. As applets Java e a sua distribuição na rede contribuíram para aumentar a popularidade de Java [8] [9].

A linguagem Java foi concebida com base em alguns princípios fundamentais como a produtividade, a segurança, a fiabilidade e a portabilidade. Java não suporta programação processual; todos os seus subprogramas são definidos em classes. A portabilidade de Java é excelente, uma vez que possui uma caraterística de Máquina Virtual Java ou JVM que tem a capacidade de executar bytecode Java. O compilador gera bytecodes em vez de gerar código executável. A JVM permitiu mesmo que Java fosse descrito como compilar uma vez e executar em qualquer lugar. Os programas que foram compilados para bytecode têm a capacidade de serem transmitidos rapidamente pela Internet, pelo que Java tem sido uma escolha muito favorável para a programação web [8] [9].

Java gere a sua memória de forma eficaz utilizando a funcionalidade de recolha automática de lixo. Todos os objectos em Java são atribuídos a partir do heap. A memória dinâmica atribuída que já não é referenciada será limpa ou libertada utilizando o coletor de lixo. Uma outra caraterística de Java, para além de todas as outras, é a sua elevada segurança. Java não fornece ponteiros para a localização da memória, mas apenas referências, e isso apenas para aumentar a segurança. De facto, Java é descrita por muitos programadores como a linguagem mais segura até à data entre outras linguagens relacionadas [9].

1.3 Domínios de programação:

1.3.1 Aplicações científicas

A aplicação científica é um domínio relacionado com o estudo e a construção de modelos matemáticos e a utilização de computadores para examinar e resolver problemas científicos. Em termos práticos, é geralmente a aplicação de simulação computacional e outras formas de computação a problemas em várias disciplinas científicas. A análise numérica é uma questão importante para as técnicas utilizadas na ciência computacional. A primeira linguagem para aplicações científicas foi o FORTRAN. O ALGOL 60 e a maioria dos seus descendentes também se destinavam a ser aplicados neste domínio. Os primeiros computadores, que surgiram na década de 1940, foram utilizados e inventados para aplicações científicas. As aplicações científicas têm estruturas de dados algo simples, mas necessitam de uma enorme quantidade de cálculos aritméticos de vírgula flutuante [10] [11].

Os programas de aplicação científica simulam normalmente circunstâncias variáveis do mundo real, como o clima, o fluxo de ar à volta de um avião, o movimento dos planetas numa galáxia. Esses programas podem gerar uma rede lógica na memória do computador, em que cada peça corresponde a uma região do espaço e inclui informações sobre esse local relacionadas com o modelo. Por exemplo, nos modelos climáticos, cada peça pode ser uma milha quadrada com a altura do solo, a direção atual do vento, a humidade, a temperatura e a pressão. O programa calcularia o provável estado subsequente de acordo com o estado atual, em passos de tempo simulados, resolvendo equações que ilustram o funcionamento do sistema, e depois faria novamente o procedimento para calcular o estado futuro [10].

A disciplina é diferente da informática (o estudo da computação, dos computadores e do processamento da informação). É também diferente da hipótese e da investigação, que são as formas convencionais da ciência e da engenharia. A metodologia da computação científica consiste em obter uma compreensão, principalmente através do estudo de modelos matemáticos implementados em computadores.

Os peritos e engenheiros inventam programas de computador, software de aplicação, que simulam os sistemas em estudo e executam esses programas com diferentes conjuntos de parâmetros de entrada. Normalmente, estes modelos necessitam de grandes quantidades de cálculos (normalmente para vírgula flutuante) e são muitas vezes implementados em supercomputadores ou computadores distribuídos [10].

1.3.2 Aplicações comerciais

As aplicações empresariais referem-se às aplicações que são importantes para o funcionamento no domínio empresarial. As aplicações empresariais podem variar entre grandes sistemas de linha de negócio e ferramentas especializadas. A utilização de computadores para aplicações empresariais teve início na década de 1950. Para o efeito, foram inventados computadores específicos, para além de linguagens especiais. A primeira linguagem de alto nível bem sucedida no domínio empresarial foi o COBOL [11].

As aplicações empresariais necessitam regularmente de gerar relatórios de formatos diferentes e, por vezes, complexos. Têm de ser capazes de representar os dados de uma forma compreensível para o ser humano, bem como de descrever e armazenar com exatidão os números decimais e os caracteres de data. Os programadores de aplicações empresariais que trabalham para empresas internacionais têm o seu trabalho facilitado. Uma vez que os projectos actuais têm de se basear na tecnologia, é necessário desenvolver aplicações excepcionais de forma rápida e eficiente [11] [12].

As aplicações empresariais podem ajudar a colocar rapidamente os produtos no mercado, transmitir informações importantes e melhorar a comunicação com os trabalhadores, os clientes e os consumidores. Por este motivo, a escolha de uma linguagem de programação empresarial é importante. Uma linguagem precisa pode melhorar a qualidade da programação, reduzindo os custos e acelerando os prazos de crescimento. Pode melhorar a competitividade da empresa através do aumento da produtividade, facilitando a ação da empresa face a oportunidades e ameaças. Por esta razão, os programadores de todo o mundo escolheram a linguagem de programação empresarial [12].

1.3.3 Inteligência Artificial (IA)

Diz-se que muitas das acções intelectuais do ser humano, como escrever programas, compreender, fazer raciocínios lógicos ou mesmo conduzir um veículo, requerem inteligência. Ao longo das últimas décadas, os computadores têm sido construídos para realizar essas tarefas. Em particular, existem sistemas que podem produzir código informático automaticamente, efetuar diferenciação e integração simbólicas e reconhecer texto até um certo nível. Podemos dizer que estes sistemas possuem um certo nível de Inteligência Artificial. De acordo com esta introdução, podemos definir a Inteligência Artificial (IA) como o domínio da ciência da computação relacionado com métodos simbólicos e não algorítmicos de resolução de problemas. É o estudo da forma de fazer com que os computadores realizem coisas em que as pessoas são melhores no momento. A Inteligência Artificial é uma forma de pensar, olhar e resolver problemas de um determinado ponto de vista [11] [13].

A Inteligência Artificial é a parte da ciência da computação que se ocupa da conceção de sistemas informáticos inteligentes que apresentem as caraterísticas que se costumam associar à inteligência no comportamento humano. A IA caracteriza-se pela utilização de cálculos simbólicos em vez de numéricos. A computação simbólica significa que são manipulados símbolos que contêm nomes, em vez de números. Este tipo de programação exige, por vezes, uma flexibilidade adicional em relação a outros domínios de programação. A primeira linguagem de programação comummente utilizada e inventada para aplicações de inteligência artificial foi a linguagem funcional LISP [11] [13].

Uma das consequências dos primeiros esforços em matéria de inteligência artificial foi a compreensão de que as tarefas que são difíceis para o cérebro humano podem ser fáceis para a inteligência artificial, e vice-versa. Consideramos inteligente um ser humano capaz de realizar rapidamente tarefas de aritmética intelectual, ao passo que atualmente conhecemos calculadoras que fazem aritmética rapidamente. Os problemas de Inteligência Artificial abrangem espectros muito amplos, as caraterísticas que são capacidades necessárias para ter inteligência, incluindo responder a situações de forma muito flexível, dar sentido a mensagens ambíguas ou erróneas e encontrar semelhanças, embora as situações possam ser diferentes, ou estabelecer distinções entre situações, embora possa haver muitas semelhanças entre elas. A lista de tarefas que exigem inteligência inclui o reconhecimento de padrões, o movimento num obstáculo dinâmico, a prova de teoremas matemáticos e o raciocínio [13].

1.3.4 Programação de sistemas

A expressão programação de sistemas é uma linguagem de programação destinada a escrever programas de sistema, ao contrário dos programas de aplicação (aplicações gerais). Contrariamente às linguagens de software de aplicação, estas linguagens de programação de sistemas propõem normalmente um acesso mais direto ao hardware central da máquina. Um exemplo de linguagem de programação de sistemas nesta aceção é a BCPL. As linguagens de programação de sistemas são também linguagens de programação que se destinam a funcionar em grande medida independentemente de outros programas. Um exemplo claro e tradicional de uma linguagem de programação de sistemas clássica é a linguagem C. [14].

A programação de sistemas é fortemente dependente da máquina. A maior parte da programação de sistemas contrasta com a programação de aplicações em termos de dependência da máquina. Por outro lado, a programação de sistemas não depende diretamente do tipo de sistema informático suportado. Por exemplo, os métodos de otimização de programas utilizados pelos compiladores são independentes do computador de destino. Os programas de sistema são compostos por uma variedade de programas que se destinam a efetuar o funcionamento e a utilização do próprio computador, enquanto o software de aplicação é aplicado para resolver vários problemas através do computador como ferramenta. O software de sistema foi criado para que os computadores respondam melhor às necessidades dos seus utilizadores. Ele permite que os programadores concentrem sua atenção na aplicação sem conhecer detalhes do computador [15].

O software de sistema mais importante é o sistema operativo (SO), que é um sistema incorporado de programas que controla os activos do sistema e fornece diversos serviços de apoio, como o computador que executa os programas de aplicação dos utilizadores. Existem muitos exemplos de software de sistema, incluindo o editor de texto, o compilador, o carregador ou o ligador, o depurador, os processadores de macros, o sistema operativo, etc. O sistema operativo e todas as ferramentas de apoio à programação de um sistema informático são, no seu conjunto, conhecidos como programação de sistemas. A programação de sistemas é utilizada com muita frequência e, por isso, deve ser bem organizada e responder às necessidades. Além disso, deve ter caraterísticas de baixo nível que permitam escrever as interfaces de software para máquinas externas [11] [15].

1.4 Razões para selecionar a linguagem Visual Basic

A linguagem Visual Basic é considerada uma das melhores linguagens para o desenvolvimento de software, uma vez que faz parte da Programação Orientada para Objectos (OOP), tal como C++ e Java. As linguagens de programação orientada para os objectos (OOP) têm a capacidade de ligar os elementos de dados aos seus procedimentos ou acções, ao passo que os elementos de dados e os seus procedimentos ou acções estão separados em muitas outras linguagens de programação.

Nos sistemas de programação orientados para os objectos, as acções são executadas entre os objectos quando estes falam entre si para realizar este tipo de acções, ao passo que nas linguagens processuais a situação é diferente, pois as acções são executadas processualmente utilizando os procedimentos do programa.

As interfaces gráficas de utilizador (GUI) são uma parte fundamental e altamente necessária para muitas aplicações. A GUI é bem suportada nas linguagens orientadas para os objectos, como o Visual Basic, com mais eficiência e simplicidade de utilização. Uma outra vantagem que pode ser considerada muito importante da programação orientada para objectos é a reutilização dos seus objectos. Estes objectos programados podem ser reutilizados em linguagens OOP como o Visual Basic, Java e C++.

A linguagem Visual Basic foi escolhida para criar este programa porque tem as vantagens da simplicidade e da facilidade de utilização. De facto, a linguagem Visual Basic pode ajudar e tem a capacidade de criar tanto aplicações GUI simples como aplicações complexas. Para além disso, a Microsoft declarou publicamente que, quando a prioridade máxima é aumentar e melhorar a produtividade das aplicações, o Visual Basic será a linguagem de eleição. No entanto, há muitas vantagens em escolher o Visual Basic, uma vez que tem a vantagem de possuir um ambiente de desenvolvimento integrado (IDE) e de ser uma linguagem de desenvolvimento rápido de aplicações (RAD). Para além disso, a sintaxe do Visual Basic é mais simples do que a sintaxe de outras linguagens relacionadas.

Em resumo, o objetivo geral do nosso trabalho é conceber um programa de navegação na Internet que ajude os utilizadores a aceder, recuperar e visualizar vídeos, imagens, documentos, páginas e outro tipo de informação na World Wide Web (Internet). A conceção do programa de navegação na Internet será baseada na linguagem Visual Basic e as suas caraterísticas podem ser utilizadas como linguagem autónoma ou como parte do Visual Studio para realizar este trabalho.

2.1 Fluxograma do programa

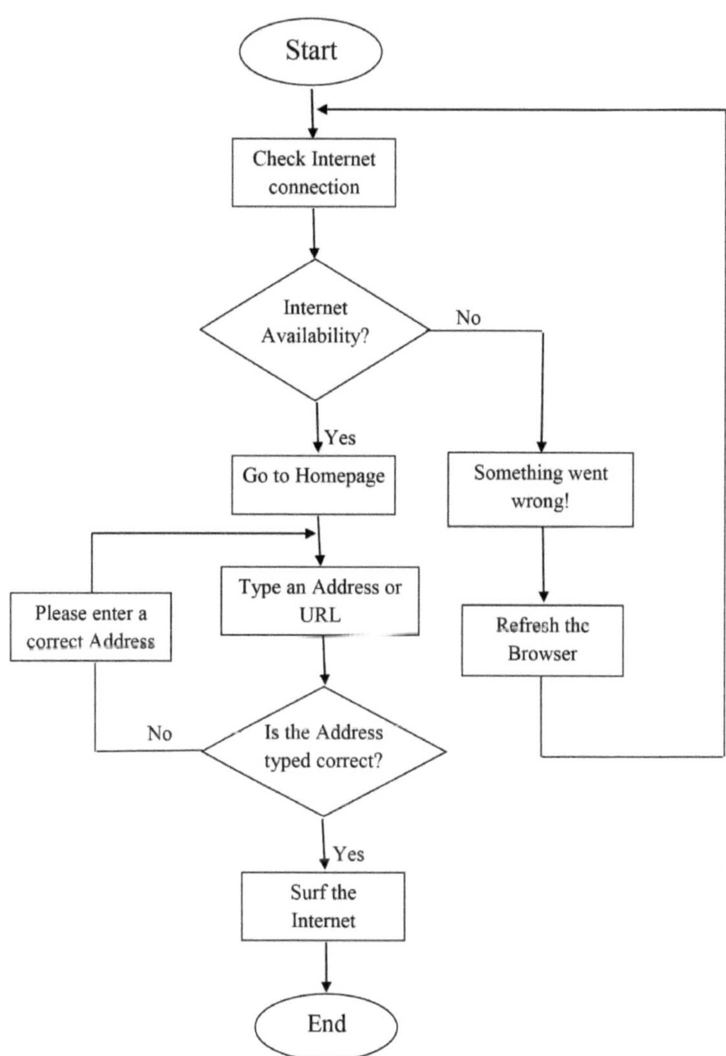

2.2 Descrição do programa

Aqui está a execução da aplicação do navegador de Internet (Super Browser). São fornecidas algumas imagens de ecrã para clarificar algumas das funcionalidades do navegador. Também fornecemos uma configuração da nossa aplicação para evitar alguns erros durante a transferência ou a instalação da aplicação em diferentes sistemas operativos.

Abaixo, alguns screenshots da execução da aplicação, começando pela instalação do browser, que está representada na figura 1 e na figura 2.

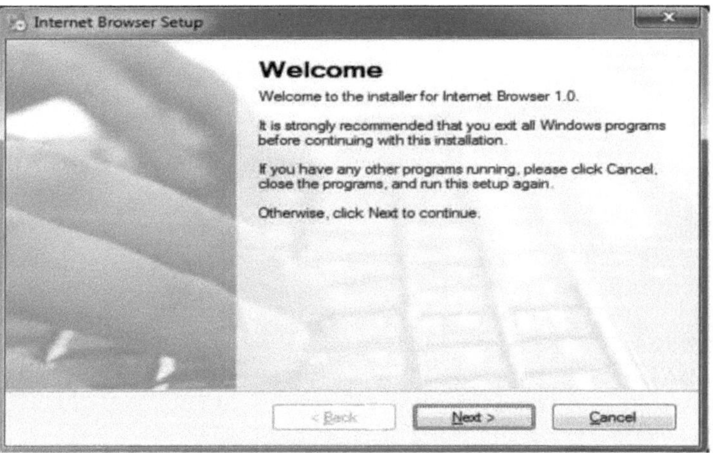

Figura 1

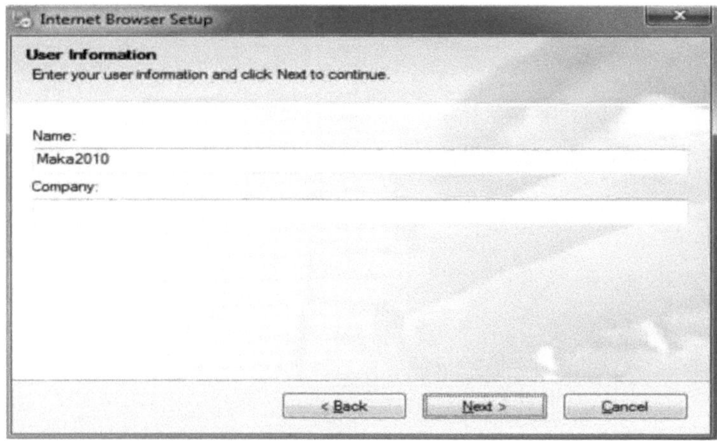

Figura 2

Durante a configuração da aplicação do navegador de Internet, o assistente de instalação pedirá ao utilizador que forneça algumas informações (por exemplo, a pasta de instalação favorita), como na figura 3.

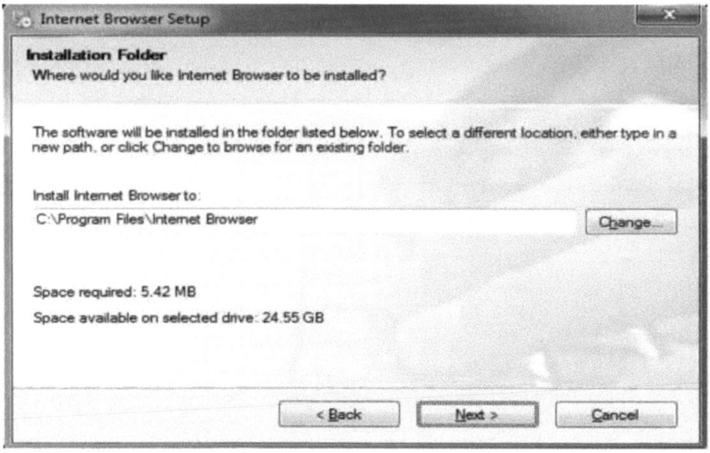

Figura 3

Quando o utilizador clica no botão Next (Seguinte), a instalação do navegador da Internet é iniciada como mostra a figura 4 abaixo.

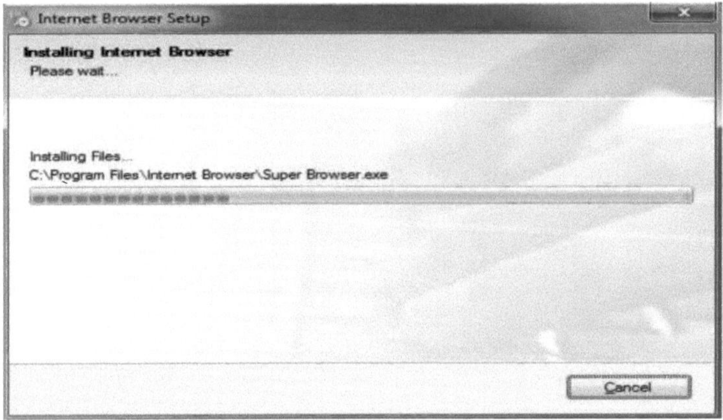

Figura 4

Quando a instalação do navegador de Internet estiver concluída, será apresentada uma mensagem pop-up a indicar que o navegador de Internet foi instalado com êxito, como na figura 5.

Figura 5

O utilizador pode encontrar o ícone de execução da aplicação no menu Iniciar,
como mostra a figura 6 abaixo.

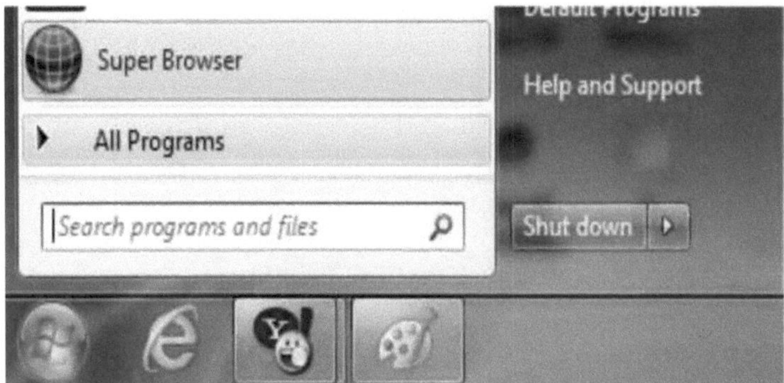

Figura 6

Para executar o navegador de Internet, o utilizador pode fazer duplo clique no
ícone do navegador.

O browser será executado e aparecerá uma nova janela com a página inicial do
browser, como na figura 7.

Figura 7

As principais funções do navegador de Internet são mostradas na figura 8 abaixo (Novo,

Voltar, Avançar, Parar, Página inicial, Atualizar, Procurar e Ir), cada um destes ícones tem o seu próprio comando e executa uma tarefa específica.

Figura 8

Este navegador de Internet tem muitas caraterísticas. É difícil mencioná-las todas, mas algumas delas foram mencionadas nas imagens seguintes. Por exemplo, tem menus como (Ficheiro, Editar, Ver, etc.) cada um destes menus tem também um sub-menu e cada um deles pode executar uma tarefa específica como abrir, guardar e imprimir, etc. Para abrir qualquer um destes menus, o utilizador pode apontar para ele com o rato ou premir o atalho do menu a partir do teclado. Por exemplo, para abrir o menu **Ficheiro**, o utilizador pode simplesmente premir Alt + F no teclado, como mostra a figura 9.

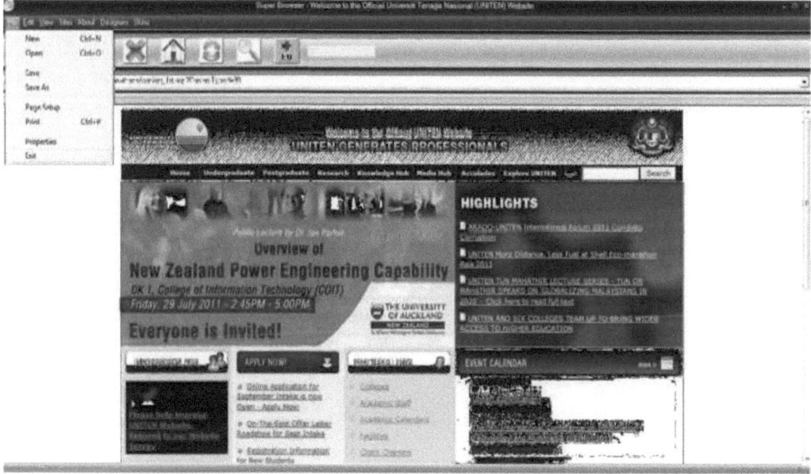

Figura 9

O mesmo acontecerá se o utilizador clicar em qualquer outro menu como **Sobre** ou

Designers, como na figura 10.

Figura 10

Este navegador tem a capacidade de mostrar a ligação de origem de qualquer imagem, ícone ou texto no canto inferior oeste do navegador, bastando para isso apontar ou parar no ponteiro do rato, como na figura 11.

Figura 11

Se o utilizador não inserir nada ou inserir um URL incorreto, aparecerá uma nova mensagem a pedir ao utilizador que introduza o valor correto, como na figura 12.

Figura 12

Quando o utilizador quiser sair do navegador de Internet, aparecerá uma mensagem pop up a pedir a confirmação do utilizador, como mostra a figura 13.

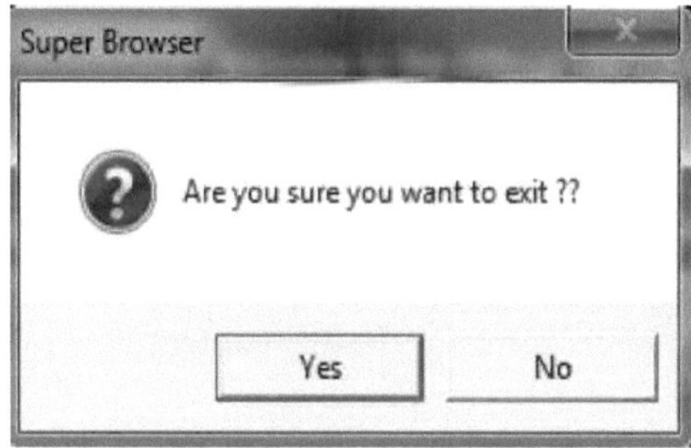

Figura 13

Outras caraterísticas deste navegador são a existência de diferentes skins que o utilizador pode selecionar, como mostra a figura 14.

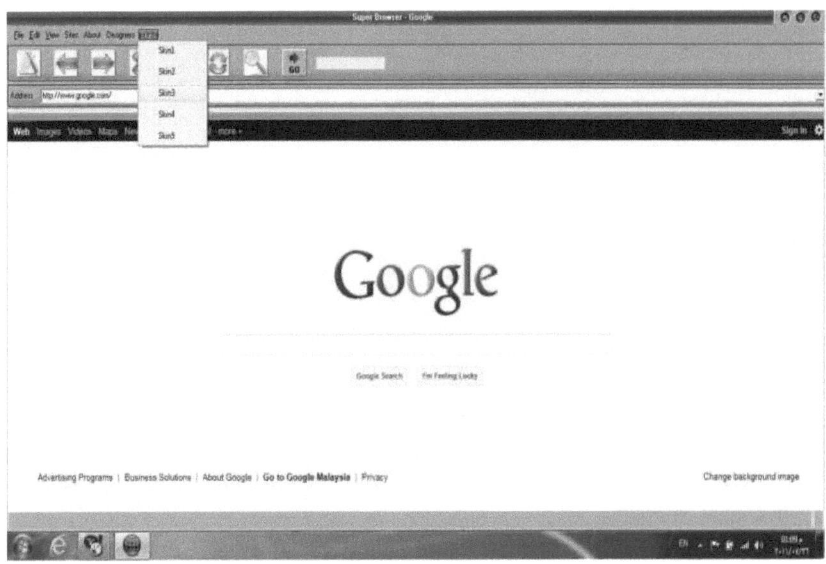

Figura 14

Também mostra o nome do URL aberto ao lado do nome do navegador da Internet, como na figura 15.

Figura 15

Além disso, permite ao utilizador inserir apenas o nome do sítio Web a abrir, mas não o URL completo. Por exemplo, para abrir o sítio Web do Yahoo, o utilizador pode simplesmente escrever

Yahoo e prima Alt + Enter, como mostra a figura 16 abaixo.

Figura 16

A barra de progresso do navegador da Internet mostra a rapidez com que um determinado sítio Web é aberto, como na figura 17.

Figura 17

2.3 Conclusão

Uma linguagem de programação é uma linguagem formal que especifica um conjunto de instruções que podem ser utilizadas para produzir vários tipos de resultados. As linguagens de programação consistem geralmente em instruções para um computador. As linguagens de programação podem ser utilizadas para criar programas que implementam algoritmos específicos.

A máquina programável mais antiga que se conhece e que precedeu a invenção do computador digital foi o tocador automático de flauta descrito no século IX pelos irmãos Musa em Bagdade, durante a Idade de Ouro Islâmica. A partir do início do século XIX, foram utilizados "programas" para dirigir o comportamento de máquinas como os teares Jacquard e os pianos. Foram criadas milhares de linguagens de programação diferentes, principalmente no domínio da informática, e muitas outras continuam a ser criadas todos os anos. As linguagens de programação contêm normalmente abstracções para definir e manipular estruturas de dados ou controlar o fluxo de execução. A necessidade prática de que uma linguagem de programação suporte abstracções adequadas é expressa pelo princípio da abstração; este princípio é por vezes formulado como uma recomendação ao programador para que utilize corretamente essas abstracções.

O objetivo deste trabalho é apresentar e discutir algumas das linguagens de programação mais conhecidas, bem como alguns dos domínios em que estas linguagens funcionam. Finalmente, o autor implementou um navegador Web

concebido com a linguagem de programação Visual Basic.

31

2.4 O código fonte do programa

```
'Showing a sub-window
Private Sub about_Click()
frmAbout.Show , Me
End Sub
'A predefined website
Private Sub bbc_Click()
WebBrowser1.Navigate "http://www.bbc.co.uk/news/"
Combo1.Text = "http://www.bbc.co.uk/news/"
End Sub
'A predefined website
Private Sub binbaz_Click()
WebBrowser1.Navigate "http://www.binbaz.org.sa"
Combo1.Text = "http://www.binbaz.org.sa"
End Sub
'A predefined website
Private Sub Microsoft_Click()
WebBrowser1.Navigate "http://www.microsoft.com/en-us/default.aspx"
Combo1.Text = "http://www.microsoft.com/en-us/default.aspx"
End Sub
' The main codes of the combobox which is coded using IF statement
' The first IF statement for the normal way of inserting a URL in the combobox
' Using Ascii of the keyboard
' While the second IF is used to allow the user to enter just the name of the
website, (not the full URL)
' By inserting the name in the combobox followed by pressing Ctrl plus Enter
' The browser will automatically add www. plus .com for the entered name
Private Sub Combo1_KeyPress(KeyAscii As Integer)
If KeyAscii = 13 Then
WebBrowser1.Navigate Combo1.Text
Combo1.AddItem Combo1.Text
```

```vb
End If
If KeyAscii = 10 Then
Combo1.Text = "www." + Combo1.Text + ".com"
Combo1.AddItem Combo1.Text
WebBrowser1.Navigate Combo1.Text
End If
End Sub
' The code of the Back button
Private Sub Command1_Click()
On Error Resume Next
WebBrowser1.GoBack
End Sub
' The code of the Forward button of the browser
Private Sub Command2_Click()
On Error Resume Next
WebBrowser1.GoForward
End Sub
' The code of the Stop button of the browser
Private Sub Command3_Click()
On Error Resume Next
WebBrowser1.Stop
End Sub
' The code of the Home Page button of the browser
' The defualt home page of the browser has been predefined as Uniten webpage
Private Sub Command4_Click()
WebBrowser1.Navigate ("http://www.uniten.edu.my")
Combo1.Text = "http://www.uniten.edu.my"
End Sub
' The code of the Refresh button of the browser
Private Sub Command5_Click()
On Error Resume Next
WebBrowser1.Refresh
```

```vb
End Sub

' The code of the Search button of the browser

' If the user entered nothing in the browser's cobobox , he will get an error
message

' The message will ask for inserting a correct value

Private Sub Command6_Click()

On Error Resume Next

If Len(Combo1.Text) > 0 Then

WebBrowser1.Navigate Combo1.messageText

Combo1.AddItem Combo1.Text

Else

WebBrowser1.Stop

MsgBox "Please insert a correct value!!", vbOKOnly, "Super Browser"

Text1.SetFocus

End If

End Sub

' The code of the Search button of the browser

' Ping website has been selected as a predefined searching engine for the browser

Private Sub Command7_Click()

On Error Resume Next

WebBrowser1.GoSearch

End Sub

' These commands are used for generating a New window of the web browser

Private Sub Command8_Click()

On Error Resume Next

Static ldocument As Long

Dim brm As Form

ldocument = ldocument + 1

Set brm = New Form1

brm.Show

brm.SetFocus

End Sub
```

```vb
'Copy code
Private Sub copy_Click()
WebBrowser1.ExecWB OLECMDID_COPY, OLECMDEXECOPT_DODEFAULT
End Sub
'Cut code
Private Sub cut_Click()
On Error Resume Next
WebBrowser1.ExecWB OLECMDID_CUT, OLECMDEXECOPT_DODEFAULT
End Sub
'Showing a sub-window
Private Sub desin_Click()
frmAbout1.Show , Me
End Sub
'Exit
Private Sub exit_Click()
End
End Sub
'A predefined website
Private Sub FIFA_Click()
WebBrowser1.Navigate "http://www.fifa.com/"
Combo1.Text = "http://www.fifa.com/"
End Sub
'Loading a skin for the browser
'Then exexute (apply) the skin
Private Sub Form_Load()
Skin1.LoadSkin App.Path & "\s1.Skn"
Skin1.ApplySkin Me.hWnd
WebBrowser1.Navigate ("http://www.uniten.edu.my")
End Sub
' A pop Up message when the user wants to quit the browser
Private Sub Form_QueryUnload(Cancel As Integer, UnloadMode As Integer)
' Define a variable as integer
```

```vbnet
  Dim Answer As Integer
    Answer = MsgBox(" Are you sure you want to exit ?? ", _
    vbQuestion + vbYesNo, "Super Browser")
    If Answer = vbNo Then Cancel = -1
End Sub
'This code has been coded this way
'To make the browser compatible with different screen's sizes or resolutions
Private Sub Form_Resize()
On Error Resume Next
Me.Combo1.Width = Me.Width - 1000
Frame3.Width = Me.Width - 75
Frame2.Width = Me.Width - 75
Frame1.Width = Me.Width - 75
WebBrowser1.Height = Me.Height - 2900
WebBrowser1.Width = Me.Width - 75
End Sub
'A predefined website
Private Sub islamway_Click()
WebBrowser1.Navigate "http://www.islamway.com"
Combo1.Text = "http://www.islamway.com"
End Sub
'A predefined website
Private Sub lahaonlin_Click()
WebBrowser1.Navigate "http://www.lahaonline.com/"
Combo1.Text = "http://www.lahaonline.com/"
End Sub
'Go back command
Private Sub munback_Click()
On Error Resume Next
WebBrowser1.GoBack
End Sub
'Go forward command
```

```vb
Private Sub munforward_Click()

On Error Resume Next

WebBrowser1.GoForward

End Sub

'Refreash the page

Private Sub munrefresh_Click()

On Error Resume Next

WebBrowser1.Refresh

End Sub

'Searching command

Private Sub munsearch_Click()

On Error Resume Next

WebBrowser1.GoSearch

End Sub

'stop downloading the current browsing page

Private Sub munstop_Click()

On Error Resume Next

WebBrowser1.Stop

End Sub

'Opening a new page of the browser either by pressing ctr+N or from New button

Private Sub new_Click()

On Error Resume Next

Static ldocument As Long

Dim brm As Form

ldocument = ldocument + 1

Set brm = New Form1

brm.Show

brm.SetFocus

End Sub

'defining different types of extensions that the browser can deal with.

Private Sub open_Click()

CommonDialog1.Filter = "All Internet Files|*.html;*.htm;*.shtml;*.dhtml;*.js|"
```

```vb
CommonDialog1.ShowOpen
If CommonDialog1.FileName = "" Then Exit Sub
WebBrowser1.Navigate (CommonDialog1.FileName)
End Sub
'page setUp
Private Sub Pagestup_Click()
 WebBrowser1.ExecWB OLECMDID_PAGESETUP, OLECMDEXECOPT_DODEFAULT
End Sub
'paste
Private Sub paste_Click()
WebBrowser1.ExecWB OLECMDID_PASTE, OLECMDEXECOPT_DODEFAULT
End Sub
'Printing the current page
Private Sub print_Click()
WebBrowser1.SetFocus
On Error Resume Next
WebBrowser1.ExecWB OLECMDID_PRINT, OLECMDEXECOPT_DODEFAULT
End Sub
'display the page properties
Private Sub properties_Click()
WebBrowser1.SetFocus
On Error Resume Next
WebBrowser1.ExecWB OLECMDID_PROPERTIES, OLECMDEXECOPT_DODEFAULT
End Sub
'A predefined website
Private Sub ryadh_Click()
WebBrowser1.Navigate "http://www.ryadh-quran.net/"
Combo1.Text = "http://www.ryadh-quran.net/"
End Sub
'A predefined website
Private Sub saaid_Click()
WebBrowser1.Navigate "http://www.saaid.net/"
```

```vb
Combo1.Text = "http://www.saaid.net/"
End Sub
'Save
Private Sub save_Click()
WebBrowser1.ExecWB OLECMDID_SAVEAS, OLECMDEXECOPT_DODEFAULT
End Sub
Private Sub Text1_Change()
End Sub
Private Sub TabStrip1_Click()
End Sub
'Save as command , helps to save any page in a choosen name and format
Private Sub saveas_Click()
WebBrowser1.ExecWB OLECMDID_SAVEAS, OLECMDEXECOPT_DODEFAULT
End Sub
'Selecting all the contents of a webpage
Private Sub select_Click()
WebBrowser1.SetFocus
    WebBrowser1.ExecWB OLECMDID_SELECTALL, OLECMDEXECOPT_DODEFAULT
End Sub
'Load and Apply skin 1
Private Sub skin1m_Click()
Skin1.LoadSkin App.Path & "\s1.Skn"
Skin1.ApplySkin Me.hWnd
End Sub
'Load and Apply skin 2
Private Sub skin2_Click()
Skin1.LoadSkin App.Path & "\s2.Skn"
Skin1.ApplySkin Me.hWnd
End Sub
'Load and Apply skin 3
Private Sub skin3_Click()
Skin1.LoadSkin App.Path & "\s3.Skn"
```

```vb
Skin1.ApplySkin Me.hWnd

End Sub

'Load and Apply skin 4

Private Sub skin4_Click()

Skin1.LoadSkin App.Path & "\s4.Skn"

Skin1.ApplySkin Me.hWnd

End Sub

'Load and Apply skin 5

Private Sub skin5_Click()

Skin1.LoadSkin App.Path & "\s5.Skn"

Skin1.ApplySkin Me.hWnd

End Sub

'A predefined website

Private Sub take2games_Click()

WebBrowser1.Navigate "http://www.take2games.com/"

Combo1.Text = "http://www.take2games.com/"

End Sub

'To add the website URL to the combobox

Private Sub WebBrowser1_CommandStateChange(ByVal Command As Long, ByVal Enable As Boolean)

 On Error Resume Next

Combo1.Text = WebBrowser1.LocationURL

End Sub

Private Sub WebBrowser1_NewWindow2(ppDisp As Object, Cancel As Boolean)

'Define a variable as form1

Dim frmWB As Form1

Set frmWB = New Form1

frmWB.WebBrowser1.RegisterAsBrowser = True

Set ppDisp = frmWB.WebBrowser1.object

frmWB.Visible = True

End Sub

'Progress bar coding
```

```vb
Private Sub WebBrowser1_ProgressChange(ByVal Progress As Long, ByVal ProgressMax As Long)

On Error Resume Next

    ProgressBar2.Max = ProgressMax

    ProgressBar2.Value = Progress

End Sub

'The status bar coding

Private Sub WebBrowser1_StatusTextChange(ByVal Text As String)

StatusBar1.Panels(1).Text = Text

End Sub

'This code helps to set the name of any website that the user opens just next to the name of the browser

Private Sub WebBrowser1_TitleChange(ByVal Text As String)

  Form1.Caption = "Super Browser - " & Text

End Sub
```

REFERÊNCIAS

[1] Smolarski, D.C., 1989. *Os ESSENCIAIS do FORTRAN*, Associação de Investigação e Educação.

[2] Adams, J.C., Brainerd, W.S. & Hendrickson, R.A., 2009. *The Fortran 2003 handbook: the complete syntax, features and procedures*, Springer.

[3] Hagen, W.V., 2006. *The definitive guide to GCC*, A press.

[4] Sebesta, R.W., 2009. *Conceitos de linguagens de programação*, Addison-Wesley, pp. 61 - 63.

[5] A linguagem de programação COBOL, disponível em

<http://groups.engin.umd.umich.edu/CIS/course.des/cis400/cobol/cobol.html>.

[6] Darnell, P.A. & Margolis, P.E., 1996. *C, uma abordagem de engenharia de software*, Springer, pp. 5 - 6.

[7] Anon, 2008. *Programming in ANSI C*, Tata McGraw-Hill, pp. xi - 2.

[8] Introdução às linguagens de programação, disponível em

<http : //www.mbaknol .com/management-information-systems/introduction-to-programming-languages>.

[9] Bertolli, A., 2005. *Aplicações comerciais e científicas da linguagem de programação Java. Memória*, (1993), pp.1 - 2.

[10] Ciência computacional, disponível em

<http : //en.wikipedia. org/wiki/Computational science>.

[11] Sebesta, R.W., 2009. *Conceitos de linguagens de programação*, Addison-Wesley, pp. 5 - 6.

[12] LINGUAGEM DE PROGRAMAÇÃO EMPRESARIAL, disponível em

<http://web.progress.com/en/business-programming-language.html>.

[13] Akerkar, R., 2005. *Introduction to Artificial Intelligence*, Prentice-Hall of India Private Limited, pp. 2 - 3.

[14] Linguagens de programação de sistemas, disponível em

<http://en.wikipedia.org/wiki/System linguagem de programação>.

[15] Dhotre, I.A. & Puntambekar, A.A., 2008. *Systems Software*, Publicações Técnicas, pp. 1 - 2.

Printed by Books on Demand GmbH, Norderstedt / Germany